LA

COCHINCHINE

FRANÇAISE

SAINT-GERMAIN. — IMPRIMERIE EUGÈNE HEUTTE ET C⁰.

LA
COCHINCHINE

FRANÇAISE

PAR

J.-P. SALENAVE

NÉGOCIANT A SAÏGON

SAINT-GERMAIN

IMPRIMERIE EUGÈNE HEUTTE ET Cie

80, RUE DE PARIS, 80

1873

PRÉFACE

La Cochinchine est peu ou imparfaitement connue du monde commercial.

La plupart des ouvrages qui en ont parlé l'ont fait au point de vue pittoresque, géographique ou militaire, dans les récits de l'expédition de 1859 et des années suivantes.

C'est cependant une de nos colonies les plus fécondes et du plus grand avenir, la plus importante des possessions françaises dans l'extrême Orient, et si richement douée que, depuis dix ans à peine qu'elle est fondée, elle peut, sans le secours de la métropole, se suffire à elle-même avec un budget propre de dix millions et qui, sous peu, atteindra quinze millions.

Négociant établi depuis plusieurs années à Saïgon, où nous avons siégé au tribunal et à la chambre de commerce ainsi qu'au conseil municipal, et de plus en plus frappé des ressources immenses que la Cochinchine offre à notre com-

merce, en même temps que de ce qui manque à celui-ci
pour acquérir dans ce pays le développement qu'il peut
prendre, nous voulons essayer, répondant aux sollicitations
de plusieurs notabilités commerciales et financières, de
donner un aperçu rapide et succinct des éléments que la
Cochinchine offre à notre activité, et des sources de
richesses qu'elle nous présente.

LA COCHINCHINE FRANÇAISE

ÉTAT GÉNÉRAL

La Cochinchine, limitée par l'empire d'An-nam, la mer de Chine, le golfe de Siam, et le royaume de Cambodge, faisait partie du grand empire d'An-nam. Elle fut conquise par nos armes au commencement de l'année 1859.

Ce pays n'avait pas été, tout d'abord, le but de l'expédition. Le gouvernement Impérial se proposait uniquement, comme en Chine, de prendre Hué, la capitale de l'An-nam, pour imposer au roi Tu-Duc les satisfactions légitimes qu'il nous refusait.

Dans ce but on s'empara de Tourane, presqu'île située non loin de l'embouchure de la rivière de Hué. Mais le projet de remonter cette rivière présentait de grandes difficultés ; la rade foraine de Tourane n'était pas assez sûre pour abriter la flotte d'expédition, le pays s'offrait montagneux et aride. L'objectif fut changé, la pensée s'agrandit.

Au lieu d'une satisfaction passagère, médiocre résultat d'une expédition pénible et lointaine, l'Empereur Napoléon III voulut arriver à protéger d'une façon définitive et permanente nos nationaux et nos intérêts dans ces contrées, par l'établissement d'une colonie. L'amiral Rigault de Genouilly reçut donc l'ordre de faire voile pour Saïgon.

Cette détermination fut des plus heureuses. Au lieu d'un pays aux abords arides, d'un accès difficile, nous allions nous trouver dans une contrée dotée d'une incomparable végétation, et sillonnée par un labyrinthe de ces cours d'eau que Pascal a appelés « des chemins qui marchent; » au lieu d'une population hostile, ou tout au moins indifférente, nous allions rencontrer un peuple aux mœurs douces et ayant pour les Français une vive sympathie soigneusement entretenue par nos missionnaires depuis deux siècles.

Tourane avait été enlevé le 1er septembre 1858; la prise de Saïgon eut lieu le 17 février 1859.

A partir de ce moment, les phases de la conquête se déroulent historiquement dans une succession rapide de faits dont le précis suivant donne, pour notre sujet spécial, une idée suffisante :

1859-1860. — Établissement à Saïgon.

25 février 1861. — Prise des lignes de Ki-Hoa.

12 avril 1861. — Prise de Mytho (capitale d'une province).

9 décembre 1861. — Prise de Bien-Hoa (capitale d'une province).

28 mars 1862. — Prise de Vinh-Long (capitale d'une province).

5 juin 1862. — Traité de Saïgon.

25 février 1863. — Prise de Gocong.

11 août 1863. — Traité par lequel Phra-Norodom, roi de Cambodge, se place sous le protectorat français, et livre à la France l'importante position des Quatre-Bras, sur le grand fleuve du Cambodge ou Mei-Kong.

25 février 1866. — Ouverture à Saïgon de la première exposition agricole et industrielle des produits de la Cochinchine.

17 avril 1866. — Prise de Thap-Muoï.

20 juin 1866. — Occupation de la province de Vinh-Long.

22 juin 1866. — Occupation de la province de Chaudoc.

24 juin 1866. — Occupation de la province de Hatien.

5 septembre 1869. — Première réunion des notables.

Avril 1870. — Délimitation des frontières de la Cochinchine française et du Cambodge.

1er juillet 1870. — Arrivée à Saïgon d'une ambassade de Siam.

Ces accroissements successifs de la puissance française dans cette partie du globe où jusqu'alors elle était à peine représentée, tandis que les autres nations y possédaient des colonies, des établissements ou des comptoirs, eurent pour effet d'assurer promptement une sécurité complète à nos nationaux et à nos transactions sur terre et sur mer, du golfe Persique à la mer de Chine.

Aucune insurrection sérieuse ne s'est élevée depuis la conquête, et la piraterie, autrefois si florissante des côtes de Siam à celles de Tonkin, peut être considérée comme éteinte. Aussi, pendant que le territoire de la colonie nouvelle s'agrandissait, l'activité de sa vie se développait-elle chaque jour.

Actuellement, la Cochinchine compte, d'après l'autorité, environ deux millions d'habitants. Elle est divisée en six provinces dites de : Gia-Dinh, qui a pour chef-lieu Saïgon, ville qui est en même temps la capitale de la colonie; Bien-Hoa, Mytho, Vinh-Long, Chaudoc et Hatien. Dans le chef-lieu de chacune de ces cinq dernières provinces, qui porte le même nom que celles-ci, demeure un résident français ayant le titre d'inspecteur des affaires indigènes.

Saïgon, résidence du gouvernement colonial, située sur le Donnaï, à quatre-vingt-dix kilomètres de la mer, est le siége d'un évêché, d'une direction générale de l'intérieur, d'un service télégraphique et postal rayonnant sur tout le pays et communiquant avec la France, d'un tribunal de première instance, d'un tribunal et d'une chambre de commerce, d'un conseil municipal européen. On y a élevé un vaste et superbe palais pour le gouverneur, une cathédrale, un arsenal, des ateliers de constructions navales, des casernes, un asile, un hôpital, des écoles.

Un bassin flottant a été construit et lancé sur le fleuve, en face des constructions navales. La ville est saine, bien percée, embellie de promenades, et le confortable de la vie coloniale n'y laisse rien à désirer.

Les centres principaux de l'intérieur, sans avoir acquis le même développement que Saïgon, ont, néanmoins, changé d'aspect. Ils se sont agrandis; les constructions s'y sont embellies; des bâtiments pour l'administration y ont été édifiés. Les communications sont devenues des plus faciles. Des routes ont été créées partout où les villes n'étaient pas naturellement reliées entre elles ou avec la capitale, par ces cours d'eau dont nous avons parlé qui sont, la plupart, constamment navigables, tels que le Soirap, le Donnaï, les deux Vaïco, le Mei-Kong, etc.

L'administration de la Cochinchine est exclusivement militaire dans les hauts emplois, et comme direction. Mais l'influence civile est très-loin d'y être nulle; l'élément indigène lui-même a sa part dans les rangs inférieurs. Il n'y a donc pas lieu d'agiter ici les questions qu'on a soulevées, à tort ou à raison, en Algérie. Les efforts de la colonisation trouvent, au reste, et ont toujours trouvé dans l'administration le plus constant et le plus bienveillant appui. Et sans entrer dans d'oiseuses discussions, il n'y a pas lieu de croire que les choses changent, étant donnée la valeur morale de notre corps d'officiers de marine où se recrute, un contre-amiral en tête, le personnel de l'administration coloniale.

Sauf pour l'opium, qui est en ferme, pour les armes et les munitions, dont la vente est soumise à une réglementation, le commerce jouit de la plus grande liberté. Il embarque, débarque, transite, transporte ses marchandises sans qu'aucune formalité vienne lui créer des frais, des retards, ou des entraves.

La place ainsi faite à l'activité colonisatrice, la liberté et la sécurité données au commerce avec la facilité des relations, un certain nombre de personnes connaissant le pays s'étonnent du peu de progrès qui y a été fait. D'autres, au contraire, le connaissant également, sont surprises de ses développements. Lequel de ces deux sentiments est le vrai ? Et, par rapport au passé, quel jugement doit-on porter sur l'état présent de la Cochinchine, pour en augurer l'avenir ?

Aucune de ces appréciations selon nous n'est absolument fausse, aucune n'est complétement juste. La vérité est qu'on a été loin, très-loin de faire tout ce qui pouvait être fait dans cette colonie, mais qu'il a été énormément produit en si peu de temps, eu égard aux ressources restreintes dont on disposait, et dont on dispose encore.

Ici se pose la question des *impedimenta* de la colonisation : obstacles naturels, difficultés économiques. Nous allons examiner rapidement les premiers, réservant les autres pour la fin de notre travail. Toutefois, nous laisserons de côté les causes générales et philosophiques. Nous ne rechercherons pas pourquoi la France, autrefois si expansive et si colonisatrice, ne l'est plus aujourd'hui, tandis que d'autres pays, ses voisins, possèdent encore cette faculté à un si haut degré. Ces questions nous entraîneraient trop loin, et elles ont été élucidées mieux que nous ne pourrions le faire. Nous nous bornerons à notre sujet local, ne voulant pas discuter des institutions ni en proposer de nouvelles, n'étant pas d'ailleurs compétent sur la matière, mais seulement promouvoir des intérêts.

Les deux grandes objections qui sont faites à la colonisation cochinchinoise sont l'éloignement et le climat.

A bien considérer la première, elle est, vraiment, peu fondée. Elle s'applique·d'abord, plus ou moins, à toutes les colonies, et si l'expatriation momentanée est un tel obstacle, il faut renoncer non-seulement à toute colonie future, mais encore préparer le deuil de toutes les anciennes. Cette objection a, de plus, singulièrement diminué de valeur depuis ces dernières années.

En six ou sept heures on peut envoyer de Saïgon en France, et réciproquement recevoir, une dépêche télégraphique. En trente-deux jours, on peut franchir la distance qui sépare Saïgon de Marseille, voyage qui demandait autrefois cinq mois.

Les Messageries Impériales font un service bi-mensuel parfaitement organisé, et très-régulier. Le prix de passage a été, dans ces derniers temps, sensiblement réduit pour toutes les classes.

En outre, le gouvernement français a un service de transports entre Toulon et Saïgon, abordable aux bourses les plus modestes.

Enfin la Compagnie péninsulaire anglaise touche à Singapore, où des vapeurs correspondent avec Saïgon moyennant un prix calculé sur le tarif de nos Messageries.

En présence de ces moyens de transport rapides et peu coûteux, la distance devient un argument de peu de valeur. D'autres points du globe, la Chine, le Japon, l'Australie, où l'émigration européenne arrive plus nombreuse, sont bien plus éloignés.

Reste le climat.

A cet égard nous demandons à poser une distinction au sujet du mot colonisation. Dans son sens exact, étymologique et rigoureux, ce mot est synonyme de culture ; un colon est un cultivateur. Cette acception n'est pas applicable en Cochinchine. Le travail de la terre n'y est pas possible à l'Européen. Et qu'on ne se hâte pas d'en arguer contre le climat, cette impossibilité existe dans toutes les régions équatoriales.

La fonction de l'Européen dans ces contrées ne peut pas être manuelle. Son emploi doit être intellectuel. Il ne peut pas cultiver, il ne peut qu'exploiter, dans le sens le meilleur et le plus élevé de ce mot. Ce qu'il faut à ces pays où la nature est si puissante, ce sont, par-dessus tout, des intelligences, des moyens d'action, des leviers. Il n'y a donc pas besoin en Cochinchine d'une émigration européenne considérable. Ce qu'il faut c'est une émigration éclairée et riche, ayant entre les mains, avec l'intelligence et la volonté, les moyens matériels de mettre en jeu, suivant les modes les plus parfaits de la science agricole et industrielle, les forces et les mécanismes naturels de cette admirable usine de productions coloniales de toutes sortes.

Si nous consultons la statistique émanant de M. le docteur d'Ormay, chef du service médical, dont les calculs offrent toujours au moins une approximation suffisante, nous voyons que, par rapport à nos autres colonies, la Cochinchine occupe le troisième rang comme salubrité.

Années.	Maladies diverses.	Fièvres diverses.	Dyssen-terie.	Choléra.	Hépatite.	Sub-mersion et accidents.	Totaux.	Population moyenne euro-péenne, troupes, etc.
1863	117	162	240	85	11	17	655	8.707
1864	77	158	155	86	13	17	506	9.448
1865	70	121	118	47	12	11	379	8.242
1866	82	123	102	15	11	57	379	7.330

Les chiffres qu'elle nous donne présentent une notable différence entre les périodes de 1861 à 1865, et celle des deux dernières années 1865 et 1866. L'amélioration est de 1,36 %. Coïncidant avec la marche de la colonie, elle permet, sans forcer en rien les probabilités, de supposer que de 1866 jusqu'aujourd'hui elle a dû progresser encore.

Les mêmes réflexions s'appliquent aux chiffres du nombre des malades soignés, de 1863 à 1866, dans les hôpitaux de la Cochinchine.

Toujours d'après M. d'Ormay, la mortalité de nos colonies, d'après l'ouvrage de M. Dutrouleau, se répartit de la manière suivante :

Sénégal .... De 1819 à 1855 (mortalité annuelle moyenne) 10.61 %
Guyane .... — 1830 à 1855 en éliminant l'épidémie de fièvre jaune............. 6.46 —
Martinique.. — 1819 à 1855.......................... 9.19 —
Guadeloupe. — 1819 à 1855.......................... 9.11 —

Mayotte	Les troupes ne font qu'un an..............	7.07 %
Réunion....	De 1849 à 1855........................	1.72 —
Taïti	....	0.98 —
Cochinchine.	De 1861 au 1er janvier 1865...............	5.78 —
Cochinchine.	Pour 1865 à 1866.......................	4.42 —

Ici, la progression décroissante est plus frappante encore. Tandis qu'en 1863 le nombre des malades est de 7,48 %, il n'est plus en 1866 que de 5,01.

D'ailleurs, la nature des causes qui viennent altérer le climat de la Cochinchine est de celles que le travail et la main de l'homme atténuent incessamment. Ce n'est pas seulement à l'expérience plus complète de la vie dans le pays, aux ressources et au bien-être de plus en plus grands qui s'y développent, mais surtout à l'assainissement du sol, à la régularisation du régime des eaux marécageuses, au desséchement des espaces paludéens, que l'on doit l'amélioration que nous venons de signaler dans l'état sanitaire de la colonie.

Ainsi la distance de France en Cochinchine, mesurée par le temps, est loin d'être aussi grande que ne se le figure l'imagination mal renseignée ; ainsi le climat est dans cette colonie plus sain que dans la plupart de nos autres possessions. Réduites à leur véritable niveau, les barrières naturelles dressées devant ce pays sont donc bien abaissées. Nous allons maintenant y pénétrer, et examiner, sous le triple rapport agricole, industriel et commercial, les ressources qu'il présente, les richesses qu'il offre, et voir enfin s'il mérite les efforts qu'il demande et les tentatives qu'il sollicite. C'est le cœur de notre sujet.

AGRICULTURE

Par la nature de son sol, la Cochinchine est un pays essentiellement agricole. Ses terres, en grande partie humides et basses, sont couvertes d'une végétation splendide, si intense qu'une des préoccupations du travail de l'homme doit être d'en régler la fécondité. Sa population douce, passive, timide, aime la vie des champs qu'elle pratique.

Toutes les productions équatoriales peuvent y trouver place, et y croître dans les meilleures conditions. Le plus grand nombre d'entre elles y est déjà cultivé, et quelques-unes donnent des résultats supérieurs à ceux des pays qui jusqu'à ce jour en ont eu la spécialité.

Les forêts y présentent dans des proportions gigantesques une étonnante variété d'essences ligneuses, depuis le roseau tendre du bord des rivières, jusqu'au bois de teck le plus dur.

Nous passerons en revue chacune de ces productions :

RIZ.

Cette plante est la plus cultivée jusqu'à présent, et celle qui a donné lieu aux affaires les plus considérables, dépassant en chiffres la moitié des affaires totales de la colonie.

Il est facile de le comprendre, le riz formant la consommation ordinaire, et presque exclusive dans toutes les classes, de la race jaune. Celui de la Cochinchine est, en outre, d'une qualité supérieure.

Il trouve ses débouchés sur la côte d'An-nam, en Chine, au Japon. Dans ces dernières années, il en a été exporté de grandes quantités à Maurice, à la Réunion et jusqu'en Europe.

Depuis la conquête, la culture du riz a décuplé, mais elle paraît dans ces derniers temps demeurer stationnaire, non pas que les terres ni les bras manquent, bien loin de là ; ce sont les capitaux qui font défaut.

Or, la plus grande partie de la Basse Cochinchine pourrait être cultivée en riz, et mériter plus encore qu'à présent le surnom qui lui est donné de Grenier de la Chine. Presque toutes ses terres sont propices à cette culture, dont il est possible de tirer bien d'autres partis que celui du grain comestible. Les pailles peuvent en être employées par l'industrie ; et le grain lui-même, distillé, donne une eau-de-vie dont les indigènes ont l'usage.

La production de cette denrée peut se donner pleine carrière, elle ne dépassera jamais les besoins, tant est immense le champ de ses débouchés.

TABAC.

Cette plante vient bien dans les terrains secs et sablonneux des provinces de Saïgon et de Bien-Hoa. Jusqu'à présent elle n'est préparée que par les indigènes, d'une façon grossière et tout à fait primitive, aussi ne peut-elle être consommée que par eux. Mais des expériences faites sur du tabac de Cochinchine à la Manufacture des Tabacs de Paris, ont prouvé qu'il peut être assimilé aux meilleures qualités de Manille et de la Havane. Nul doute, après un jugement aussi compétent, que l'introduction dans la colonie des moyens perfectionnés de culture et de préparation de cette plante, n'arrive à donner des produits supérieurs. Quant au placement de ceux-ci, les habitudes européennes nous le garantissent.

INDIGO.

Ce que nous venons de dire du tabac peut s'appliquer à l'indigo.

Le terrain de la Cochinchine, et celui, surtout, du Cambodge, notre protégé, sont favorables à la culture de cette plante tinctoriale. Néanmoins, jusqu'à ce jour, on ne s'en est pas occupé. Les gens du pays seuls en cultivent un peu, mais, comme d'habitude, ils le pré=

parent d'une manière qui ne permet de l'appliquer à aucun emploi européen.

Des expériences ont été faites dernièrement sur l'indigo cochinchinois par un planteur de Java, et il en est ressorti que cette plante possédait les plus belles qualités colorantes que l'on connaisse dans ses pareilles d'autres pays.

Certain d'obtenir, par de bonnes méthodes, d'excellents indigos, on serait également sûr d'en trouver le débouché. Cette couleur est d'un usage général et des plus fréquents dans les tissus européens, et son prix, en matière brute, relativement élevé, serait largement rémunérateur, alors même qu'un afflux nouveau en amènerait un léger abaissement sur les marchés.

CANNE A SUCRE.

L'indigo, le tabac, le riz, se cultivent dans d'autres pays que les colonies, et donnent des produits qui, bien qu'inférieurs, s'emploient et se consomment. La canne à sucre est, elle, éminemment et exclusivement une plante des régions équatoriales ; elle ne pousse pas ailleurs, et l'Europe est, pour son produit, absolument tributaire de ses colonies; de plus, aucun autre, même le café, même le tabac, n'est entré, comme le sucre, dans l'alimentation générale des pays civilisés. [Aussi, est-ce vers le développement de cette plante, en particulier, que se sont dirigés les plus grands efforts du travail colonial. La canne à sucre, surtout, a fait la richesse de nos anciennes possessions, telles que la Réunion, la Guadeloupe, la Martinique, etc.

En Cochinchine, d'après les données de l'administration coloniale, 10,000 hectares de terrain seulement sont en culture de canne à sucre. Mais la province de Bien-Hoa, la plus propice à ce roseau, offre d'immenses espaces incultes encore qui pourraient en être dotés.

La production sucrière cochinchinoise n'en est qu'à ses débuts, débuts lents, embarrassés, et restreints à une surface relativement peu étendue, mais il n'est pas douteux qu'énergiquement poussée, elle ne parvienne à donner les plus brillants résultats. Les circonstances sont, en ce moment surtout, des plus favorables, une maladie de la canne a ravagé les 7/8 des plantations de la Réunion, et la Martinique manque des bras nécessaires.

COTON.

Cet arbuste se développe particulièrement bien au Cambodge. La qualité du coton de ce pays est comparable aux plus belles d'Amérique et d'Égypte.

Cependant, il ne donne lieu à aucunes grandes affaires à cause de son prix, et plus encore de la petite quantité dont on dispose. C'est une culture à peine ébauchée et qui attend son développement.

CAFÉ.

Le caféier est encore moins répandu en Cochinchine que le cotonnier, bien que le sol y soit propice. On ne trouverait pas dans tout le pays un picul de café.

Cependant, le sol offre la plus grande analogie avec celui de Manille et de Java, et des plants de café de ce dernier pays importés en Cochinchine y ont parfaitement réussi et donné d'excellents produits.

POIVRE.

Cette épice est l'une des plus intéressantes productions de notre colonie, et l'une de celles dont le débouché en Europe est le mieux assuré.

Le gouvernement Impérial, désireux d'en développer la culture, avait usé depuis quelques années du meilleur moyen d'atteindre largement ce but. Il avait exonéré de tout droit d'entrée en France le poivre de Cochinchine et du Cambodge, tandis qu'il maintenait sur les poivres d'autres provenances le droit de 50 fr. par 100 kilog. Cette mesure a été efficace. En présence d'un semblable avantage, la production poivrière a quintuplé dans la colonie en une période de trois ou quatre années. Les prix, il est vrai, ont augmenté, et le producteur vend aujourd'hui deux fois plus cher qu'à l'origine, 50 fr. le picul au lieu de 25 fr. ; mais avec la différence des droits d'entrée et les prix de vente en France, le négociant exportateur a encore de bons résultats à obtenir.

Cette culture est jusqu'à ce jour entre les mains des indigènes. Ceux qui s'en occupent, surexcités par les demandes du commerce, le font avec ardeur et y mettent toutes leurs ressources. Mais celles-ci sont des plus restreintes; aussi, malgré les avantages qu'elle procure, cette production est-elle bien loin encore de ce qu'elle pourrait être. Si, cependant, le gouvernement de la République Provisoire continue les mêmes avantages, elle ne pourra qu'augmenter, et plus ou moins rapidement se développer par la force même des choses, mais il est à craindre que les tendances restrictives et protectionnistes des hommes qui, momentanément, sont à la tête du pouvoir, soient mises en pratique en ce qui concerne les produits de notre jeune colonie.

HUILES.

Il se fait en Cochinchine des huiles de coco, d'arachides, de poisson. Les premières sont susceptibles d'un grand développement et peuvent donner lieu à des affaires considérables.

Les Annamites, jusqu'ici presque seuls, fabriquent ces huiles, mais leurs prix sont si élevés, les quantités si restreintes, leur façon surtout est si défectueuse, que l'exportation n'a pas pu s'en occuper.

Néanmoins le mouvement de cette denrée serait très-susceptible de s'accroître. Les forêts de cocotiers sont plus inexploitées que rares, et leurs produits sont d'une exploitation régulière et sûre.

MURIER, VERS A SOIE.

Le mûrier est répandu en Cochinchine, et sa culture est appelée à prendre une grande importance. Mais, pour la soie, dont il nourrit le ver et par laquelle, seulement, il a de l'intérêt et du prix, la situation est analogue à celle des produits que nous venons d'énumérer. La manipulation, le dévidage, la filature de cet article sont si défectueux que les marchés européens ne peuvent pas l'utiliser. L'élevage même du ver laisse beaucoup à désirer.

Toutefois, et c'est là le point capital, la nature de la soie cochinchinoise est excellente. Un outillage perfectionné et quelques moulinières du midi de la France auraient vite amélioré les procédés.

Avec de semblables éléments, cette branche de production acquerrait rapidement de grands développements, surtout dans l'état présent de la sériciculture en Europe. La Chine et le Japon sont deux grands exemples des résultats que l'on pourrait obtenir avec un bon outillage et des ouvriers habiles.

Une remarque très-importante à faire, c'est que l'élevage des vers à soie peut être pratiqué en Cochinchine pendant près de neuf mois de l'année, et donner près de neuf récoltes, tandis que sous le climat de la Chine et du Japon la récolte n'est que bi-annuelle, et annuelle sous celui du midi de la France ainsi qu'en Italie.

BOIS.

Sur un sol aussi fécond que celui de la Cochinchine, les forêts ne peuvent manquer d'être abondantes : on peut se rendre compte du nombre, du genre et de la beauté des essences qu'elles renferment par la collection que le gouvernement colonial a exposée au Palais de l'Industrie, à Paris. Bois d'ébénisterie, de construction, de teinture, tout s'y trouve, et pendant que les uns seraient exportés, les autres trouveraient leur emploi dans la colonie même.

Cependant aucune exploitation sérieuse n'existe actuellement, et, ceci est triste à dire, avec de magnifiques forêts, la colonie est tributaire de Singapore pour les bois de construction qui lui sont nécessaires. On peut évaluer à 30,000 stères par an l'importation de ces bois de Singapore à Saïgon.

Cette anomalie vient de ce que l'indigène n'est ni assez entreprenant, ni assez fort, ni assez habile pour une semblable exploitation. Presque en disproportion avec la nature puissante qui l'environne, il n'attaque pas de lui-même d'aussi rudes travaux. Quant à l'Européen, il manque de moyens, la colonie ne possède pas une seule scierie à vapeur.

BÉTAIL.

L'Europe n'est, bien entendu, intéressée en rien à l'élève du bétail en Cochinchine ; mais c'est une question qui pour la colonie peut devenir des plus sérieuses, et une production qui dans l'état actuel serait largement rémunératrice. Un bœuf valait au début de la conquête de 14 à 20 francs, il se vend aujourd'hui de 60 à 75 francs.

Depuis quelques années, la Cochinchine ne peut plus suffire à sa propre consommation de viande fraîche. Les indigènes ne font rien pour combler les vides faits par l'alimentation quotidienne, le ravitaillement de l'armée et de la marine qui absorbent mensuellement de 5 à 600 têtes de bétail, bœufs, vaches, veaux, etc.

C'est du Cambodge que ces animaux doivent être aujourd'hui tirés, et dans un temps plus ou moins prochain, il est à craindre que les causes qui ont amené la pénurie de cette denrée en Cochinchine ne l'amènent au Cambodge même.

Si rien ne vient changer cette situation, nul doute que l'administration elle-même ne se voie forcée de la prendre en très-sérieuse considération, et d'aviser aux mesures propres à y remédier ou de faciliter au moins, par des avantages appropriés, les efforts qui se porteraient de ce côté.

Or il serait facile d'améliorer cet état de choses, une entreprise d'élevage demande peu dans un tel pays, où les pâturages sont partout.

Les produits que nous venons d'énumérer ne sont pas tout ce que la Cochinchine peut produire, mais ceux seulement qui, au point de vue commercial, peuvent intéresser le plus l'activité européenne et donner lieu à des transactions sérieuses. Nous avons laissé de côté les productions de moindre importance, dont la valeur totale est peu élevée ou dont l'emploi purement local n'a pas d'attrait pour le commerce extérieur. Nous n'avons pas tenu compte, non plus, des produits transités, la production foncière de la colonie étant notre objectif spécial.

Avant de clore ce chapitre, nous ne pouvons nous empêcher de regretter que le gouvernement local n'ait pas encore eu la pensée de créer dans la colonie une ferme modèle qui serait destinée à étudier les modes de culture les plus pratiques, et à rechercher les sortes qui conviendraient le mieux au terrain et au climat du pays.

Espérons que cette lacune sera bientôt comblée; les colons trouveront alors auprès d'une semblable institution des renseignements précis qui les mettront à l'abri des tâtonnements toujours fort longs et surtout fort coûteux.

Nous passons maintenant à ses ressources industrielles.

INDUSTRIE

Dans l'état précaire où se trouve l'agriculture en Cochinchine, l'Industrie, dont le rôle est d'en employer les produits pour les transformer, ne peut être bien florissante. Aussi n'y a-t-il pas lieu, quant à présent, de songer à la création de grands établissements industriels. Cette création doit être précédée ou accompagnée d'un développement agricole capable de la motiver. Toutefois, dans une contrée aussi neuve et aussi féconde, il est des industries qui, dans une certaine mesure, trouveraient immédiatement un emploi avantageux.

SCIERIE A VAPEUR.

Ce que nous avons dit précédemment de la pénurie de bois débité qui rend la Cochinchine tributaire de Singapore, prouve jusqu'à l'évidence que l'établissement dans la colonie de scieries à vapeur répondrait à un besoin réel.

Deux pour le moment suffiraient, et seraient assurées d'un travail constant. L'une fixe, établie à Saïgon ou aux environs sur les bords d'une rivière, l'autre mobile se transportant sur les concessions et dégrossissant les pièces avant leur transport qui serait effectué par flottage.

Il n'est pas un instant douteux que les 30,000 stères de bois de toute sorte, bois de construction et pour la marine, chevrons, planches, lattes, parquets, etc., que la colonie tire du dehors, ne sortent de même des scieries nouvelles qui seraient établies dans le pays. Il y a même lieu de croire que la consommation et l'emploi, par suite d'un abaissement naturel de prix, ne feraient qu'augmenter.

DÉCORTICATION DU RIZ.

Quoique Saïgon et Cho-Lon possèdent trois moulins à décortiquer le riz, il reste beaucoup à faire dans cette branche d'industrie.

Tout d'abord Saïgon et Cho-Lon ne sont pas lieux de production, l'installation de ces moulins serait certainement mieux placée dans l'intérieur, à Vinh-Long et à Gocong, par exemple, qui sont les principaux centres de la culture du riz. L'installation dans ces localités offrirait l'immense avantage d'un travail constant et sur place, surtout si l'on avait soin de joindre à l'outillage spécial de la décortication, un blanchisseur et un glaceur pour la préparation. De plus, les exportateurs ou chargeurs de riz auraient tout avantage à faire décortiquer dans ces moulins, sur les lieux de récolte, cette opération devant leur procurer, dans ces conditions, une différence d'au moins 30 % dans le chargement et le transport.

En tout état de cause, ces moulins ne tarderont, sans doute pas, à se répandre et à se vulgariser forcément. On en sera convaincu quand nous aurons dit qu'en 1870, il a été exporté de Cochinchine 250,000 tonnes de riz décortiqué, en dehors de tout ce qui s'est répandu sur les côtes par barques de mer, et de ce qui a été consommé dans la colonie. Mais il n'est pas douteux qu'avant cette vulgarisation, les premiers à exploiter, comme nous l'avons indiqué, cette branche d'industrie, y trouveraient des profits considérables.

SUCRERIES.

Il se fabrique et se consomme en Cochinchine par les gens du pays du sucre indigène, mais il est grossier et d'un blanc terreux.

Une seule sucrerie Européenne, digne d'être citée, existe jusqu'à présent en Cochinchine, province de Biên-Hoa. Elle est de fondation récente et opère, nous avons le regret de le dire, avec des capitaux anglais. Or, il y aurait là, sans un mètre carré de plantation de plus, matière au travail permanent de plusieurs sucreries. A plus forte raison cette industrie se développerait-elle si les terrains de la province de Biên-Hoa, la plus favorable à la culture de la canne, étaient dotés de celle-ci.

La sucrerie actuellement existante achète la canne aux

indigènes, mais nous avons lieu de croire qu'elle n'est pas satisfaite de ce mode de procéder, les producteurs se coalisant fréquemment pour faire élever le prix de leur marchandise. Aussi la société propriétaire de cet établissement va-t-elle probablement se mettre à cultiver elle-même à l'aide de travailleurs chinois. C'est un bon parti, et il y a tout à supposer que devenue aussi maîtresse de ses opérations et, en quelque sorte, du marché qui l'entoure, elle réussira pleinement.

Avec l'extension qu'a prise en Europe la consommation du sucre, la diffusion de cette denrée jusqu'aux plus extrêmes limites de l'abondance et du bon marché n'a pas de bornes. La production peut en être sans mesure. Quant à l'abaissement de prix qui résulterait pour ce produit d'un afflux considérable sur les marchés européens, la Cochinchine serait le dernier pays de production sucrière où il se ferait sentir et serait préjudiciable, la main-d'œuvre et la matière première y étant, ainsi que dans tous les pays neufs, meilleur marché que partout ailleurs.

Un champ immense est donc ouvert dans cette branche d'agriculture et d'industrie. L'exemple des anciennes colonies est bien fait pour qu'il soit parcouru et énergiquement fécondé.

INDIGOTERIE.

Dans cette industrie tout est à créer. Les terrains favorables ne manquent pas à la plante, surtout aux bords du Mei-Kong, mais sa préparation aux emplois industriels a

été jusqu'ici délaissée. Il est donc difficile, sans bases ni pré-
cédents sérieux, d'asseoir des probabilités fondées sur l'avenir de cette branche de production. Cependant, en présence
des besoins de la fabrication européenne, du prix élevé de
la matière, et de la modicité des frais de premier établissement, on peut penser qu'il y aurait là encore une large
source d'affaires avantageuses.

DISTILLERIE.

Toutes les espèces de trois-six ont en Europe un débouché toujours ouvert et assuré. Des chargements de riz ont
été expédiés de Cochinchine en France et en Angleterre
pour être transformés en alcool. Il y aurait, sans hésitation
aucune, un avantage considérable à distiller sur place. On
bénéficierait ainsi du profit fait par le chargeur, et du transport du déchet laissé par le distillateur.

De plus, les 100 kilog. de riz qui coûtent en France de 22
à 26 fr., ne valent en Cochinchine que de 12 à 14 fr. Cette
différence, s'ajoutant aux économies ci-dessus indiquées,
suffit à donner une idée des avantages que l'on recueillerait
à distiller sur les lieux.

Enfin, les indigènes et les Cambodgiens sont très-ama-
teurs de nos liqueurs de toute sorte, et leur consommation,
forcément restreinte aujourd'hui, faute d'aliment, pourrait
s'accroître et donner lieu à une fabrication spéciale et toute
locale.

FILATURE DE SOIE.

Deux filatures de soie existent actuellement en Cochinchine ; l'une à Cho-Lon, bien agencée et bien dirigée, l'autre, qui est loin de se trouver dans les mêmes conditions, à Saïgon.

La première possède un outillage analogue à celui des filatures du midi de la France. La direction en est donnée à une fileuse française qui a formé des ouvrières annamites. Cette filature se procure les cocons dans l'intérieur du pays. Après quelques tâtonnements inséparables d'un début, les cocons lui arrivent maintenant d'une façon constante et régulière. Des rapports se sont établis entre elle et les producteurs indigènes, sûrs maintenant de trouver un débouché toujours ouvert à leur marchandise, et il y a lieu de croire qu'avec le temps cette entreprise ne fera que prospérer et s'étendre.

Par cet exemple unique encore, mais palpable et bien vivant, on peut juger de la possibilité de développer en Cochinchine l'industrie de la soie. Déjà, les produits qui sortent de la filature cochinchinoise, bien qu'encore peu abondants, paraissent devoir se classer sur les marchés de Paris et de Lyon. Mais les conditions de ce classement ne consistent pas seulement dans la qualité de la soie, la quantité en est aussi l'un des éléments. Or, la quantité suffisante à des affaires d'une certaine importance, sérieuses et suivies, ne pourra être atteinte que si de nouveaux établissements se créent, et si l'élevage du ver s'étend et se perfectionne.

HUILERIE.

Jusqu'à ce jour, les affaires de la colonie sur les huiles ont été peu importantes. En 1870, il en a été exporté 15,000 kilog. seulement.

On peut se demander si ces affaires prendraient jamais avec l'Europe un grand développement. Mais il est certain qu'une fabrication convenablement installée, suivant les meilleurs procédés, trouverait dans la colonie même et les pays environnants un débouché à la place de l'huile indigène si grossière et si mal préparée. Sa consommation la plus importante, celle de l'éclairage, serait faite par la population européenne, la marine et l'Administration dont, ne fût-ce que par l'absence de toute concurrence, la clientèle serait assurée.

TRANSPORTS, REMORQUAGE.

Les transports, cette question si importante pour le commerce d'un pays, sont loin d'être arrivés en Cochinchine à un état suffisant.

Presque toutes les communications ont lieu par eau. Or, outre les barques indigènes, qu'on ne peut pas faire entrer en compte régulier, il n'existe, pour répondre aux besoins, que deux remorqueurs à vapeur appartenant au commerce privé. Ces bateaux fonctionnent assidûment, mais leur construction et leur force ne leur permettent que des transports peu considérables, et ils ne peuvent sortir de la navigation fluviale. Cependant ces fonctions restreintes de remorquage assurent encore de beaux bénéfices aux propriétaires.

En présence du mouvement toujours croissant de l'entrée et de la sortie des navires marchands à Saïgon, le besoin qui se fait le plus vivement sentir, et l'entreprise qui, par conséquent, présenterait le plus d'avantages, serait l'installation d'un bon remorqueur de 70 à 80 chevaux sur le Donnaï.

Nous pouvons donner un aperçu de cette opération par le tableau ci-après du mouvement de la navigation par navires sur cette rivière. Sur le nombre total indiqué de 1095, la moitié environ a employé la remorque.

Du 1er janvier 1870 au 18 janvier 1871 le mouvement sur la rivière de Saïgon a été celui-ci :

	Nombres	Tonnage	Équipage	Passagers
Entrées..	551	246.747	11.781	7.157
Sorties ..	544	241.658	11.136	2.062
Totaux..	1.095	488.405	22.917	9.219

Or, le prix du remorquage varie suivant le tonnage des navires. Le tonnage moyen de ceux qu'indique le tableau qui nous sert de base est de 410 t. par navire, ce qui, d'après le tarif en vigueur, tarif établi pour les remorqueurs de l'État et conservé par ceux du commerce, porte à 160$ ou 888 fr. le droit à payer par le navire remorqué ou remorqueur. A raison de 400 navires seulement, c'est donc une somme de 64.000$ ou 355.200 fr. que, dans l'état actuel, un bon remorqueur ferait dans la rivière de Saïgon uniquement.

Ce service ne demande pas un équipage bien nombreux, et le chauffage peut être fait avec 1/3 de charbon et 2/3 de bois de palétuvier, les frais d'exploitation ne seraient donc pas très-élevés, et le bénéfice resterait d'autant plus entier.

L'emploi de ce vapeur pourrait, au reste, n'être pas borné au Donnaï. Toutes les rivières de l'intérieur sont constamment navigables, et celles qui le sont le moins le sont encore pendant les douze heures que dure la marée sur ces côtes. Non-seulement donc, le remorquage dans la rivière de Saïgon, mais celui d'une partie des transports de l'intérieur lui pourraient incomber.

BATEAUX A VAPEUR.

Une entreprise de transports plus considérable encore, en même temps qu'une affaire commerciale des plus importantes, serait également à créer entre la Cochinchine et l'An-nam, au moyen de la vapeur et par mer.

D'après un traité que la France doit aux efforts de l'honorable amiral de la Grandière, le commerce français est autorisé à trafiquer dans l'empire d'An-nam, et peut établir sur trois points de la côte de ce pays des établissements, factoreries ou comptoirs. Tourane, situé, nous l'avons dit, non loin de l'embouchure de la rivière de Hué, est un de ces points.

Malheureusement l'établissement de relations suivies a été jusqu'ici impossible par suite du défaut absolu de moyens de transport.

Le commerce qui se fait sur les côtes et dans l'intérieur de l'An-nam est cependant actif, mais il se trouve tout entier entre les mains des Chinois qui, avec de mauvaises barques de mer, abordent partout. C'est l'échange qui est la base et la forme principale de ce commerce. Les Chinois apportent aux An-namites des toiles, du sel, du poisson salé, du riz, etc., et ils reçoivent de la soie, des peaux, du poivre, de la cannelle et autres produits du pays.

Avec un bateau à vapeur d'une force convenable, propre à la mer, et pouvant charger deux à trois cents tonnes de marchandises, le monopole de ce commerce échapperait inévitablement aux Chinois, en même temps que de continuels voyages implantant notre action, fortifiant notre influence, finiraient par triompher des obstacles d'un gouvernement ombrageux et défiant. L'An-nam est un des rares pays où les Européens n'aient pas encore pris pied ; il serait à tous les points de vue déplorable que ce ne fût pas le commerce français qui profitât le premier d'une aussi favorable et exceptionnelle situation dont la France a, d'ailleurs, fait tous les frais.

De même qu'en terminant l'exposé succinct des ressources agricoles, nous n'avons fait dans ce qui précède qu'indiquer les affaires susceptibles d'être organisées et exploitées immédiatement, ou créées en même temps que l'œuvre des dé-

veloppements agricoles, nous ne sommes pas sorti non plus
de celles qui ont leur source dans le sol même de la colonie. Il va sans dire que nombre d'autres, secondaires, trouveraient leur place dans le vaste champ que la Cochinchine
ouvre à l'activité générale et à l'initiative individuelle.

COMMERCE

Nous ferons, tout d'abord, au sujet du commerce de
la Cochinchine, une révélation qui serait en tout temps
pénible, mais qui le devient davantage encore depuis les
derniers événements politiques que notre pays a subis :
la plus grande partie du commerce de notre colonie est
entre des mains étrangères, anglaises, et surtout prus-
siennes. Ce sont des étrangers qui possèdent à Saïgon les
plus fortes maisons et font les affaires les plus considérables. On se croirait dans une possession allemande
plutôt que française.

Nos maisons ne jouent qu'un rôle des plus secondaires,
et se livrent à peu près uniquement au commerce de détail des articles importés, liquides, conserves, articles de
Paris, etc. Les cafés, restaurants, débits de boisson, can-
tines prennent également une part aussi large qu'infime
à la représentation de notre commerce national. Les
exceptions sont si rares, que nous ne pouvons guère

compter que trois ou quatre maisons françaises dignes de ce nom.

Cet état de choses a des causes multiples. Le fait est que nos nationaux se transportent peu, et nos capitaux moins encore. Ceux-ci semblent préférer végéter dans la métropole plutôt que de multiplier largement dans les colonies. Le colon français arrive avec des ressources financières bornées, et se trouve, à peine débarqué, hors d'état de faire autre chose que d'écouler plus ou moins péniblement sa pacotille traditionnelle.

En sera-t-il longtemps, en sera-t-il toujours ainsi ? Nous voudrions espérer que non, et nous n'épargnerions aucun effort pour qu'il en fût autrement.

Le commerce, qui n'est que la mise en circulation des produits de l'agriculture et de l'industrie, peut se diviser, au point de vue colonial, en deux grandes catégories : les exportations et les importations. A côté de ces deux grandes divisions viennent se grouper diverses subdivisions telles que les armements, les affrétements, les fournitures administratives, les opérations financières, etc.

IMPORTATIONS.

Au début de la conquête, et durant quelques années après, cette branche de commerce eut une assez grande importance et donna de beaux résultats à ceux qui l'exploitèrent. Il est aisé de le comprendre.

Un débouché nouveau était ouvert, quelques maisons

seulement le pratiquaient ; et, pour la colonie naissante, tout était à faire venir d'Europe. En outre, les éléments qui nécessitaient ces importations étaient plus nombreux qu'aujourd'hui. C'était une petite armée, une flotte importante, une administration à ravitailler. Les indigènes offraient moins de ressources encore qu'actuellement ; les places voisines n'envoyaient pas leur trop-plein à Saïgon, comme elles le font à présent, et les représentants du commerce étranger n'avaient pas fait irruption dans le pays. Maintenant il n'en est plus ainsi et le commerce d'importations européennes est aux abois.

Les causes de cette décadence sont diverses, mais simples. Elles sont l'inverse de celles que nous venons de donner à la situation contraire.

Actuellement le débouché a diminué, l'armée et la marine sont réduites à leur plus simple expression. L'administration fait venir elle-même et directement de France la plupart des articles dont elle a besoin. Le nombre des importateurs, restreint au début, a considérablement augmenté, et la concurrence est arrivée à ce point que la plupart des objets se vendent au-dessous de leur prix de revient. Enfin, des marchés voisins, et d'Europe, des envois mal compris, des opérations mal conduites ont amené sur la place une quantité considérable de marchandises, qui, n'ayant pas d'écoulement, forment un stock énorme et stagnant, qui va chaque jour s'augmentant, et, si rien ne change, n'est pas près d'être liquidé. Les indigènes, en effet, ne consomment pas nos produits, ou n'en usent qu'à peine ; l'armée et la marine ne sont pas, individuellement, à même de faire de grandes dépenses, et les colons, bien peu nombreux, sont presque tous importateurs eux-mêmes.

Cette branche de commerce, la plus avantageuse pour la métropole, est donc morte en Cochinchine, et, sans doute, pour longtemps. Les importations n'y pourront reprendre que le jour où les portes de l'An-nam, largement ouvertes, développeront un débouché nouveau. Jusque-là, le trafic qui les compose se tiendra dans l'état précaire où nous le voyons actuellement : celui d'un commerce de détail en présence d'une consommation restreinte et d'une concurrence extrême.

Les importations dans la colonie ont été en 1867 de 27 millions de francs. Mais dans ce chiffre sont comprises les marchandises de provenance asiatique de Siam, de Singapore, de la Chine ou de la côte de l'empire d'An-nam, et celles mêmes qui n'entraient qu'en transit, comme le numéraire, l'opium, les toiles anglaises, etc.

Ce chiffre, en 1870, s'élevait à environ 72 millions. Mais l'augmentation est à peine sensible sur les articles européens ; elle repose tout entière sur les produits asiatiques ou de transit : chinoiseries, or en feuilles, argent, etc.

EXPORTATIONS.

Les exportations, qui donnent mieux, et plus exactement que tous autres documents, le niveau juste, foncièrement vrai de la richesse intrinsèque, du développement et de l'activité d'un pays, ont suivi depuis la conquête une marche ascendante rapide.

En 1867, il a été exporté pour 33,395,360 francs d'articles divers.

Par navires au long cours	31.108.916 fr.
Par barques annamites........................	2.286.444 —
Total pour 1867...............	33.395.360 fr.

La décomposition est celle-ci :

Riz...........................	24.100.000 fr.	
Poissons......................	1.400.000 —	
Argent........................	2.700.000 —	
Poivre	205.000 —	33.395.360 fr.
Coton.........................	1.230.000 —	
Divers produits...............	3.760.360 —	

En 1870, le mouvement a été de 66,727,886.

Par navires au long cours......................	63.362.186 fr.
Par barques annamites........................	3.365.700 —
Total...............	66.727.886 fr.

Sur cette somme :

Le riz figure pour..............	38.800.000 fr.	
Le poivre.....................	300.000 —	
Le coton	3.700.000 —	
Le café......................	»	
Les huiles	100.000 —	
Le tabac.....................	7.000 —	66.727.886 fr.
L'argent et monnaie locale.......	7.000.000 —	
Le poisson salé ou sec...........	5.600.000 —	
La soie......................	6.100.000 —	
Le sucre brut	450.000 —	
Divers	4.670.886 —	

L'augmentation est du double.

Il est manifeste que le progrès a été considérable, cela ressort à première vue. Si l'on examine le détail des matières on est plus frappé encore de ce développement. La soie qui n'est pas nommée dans les premières exportations est comprise dans les secondes pour une somme de six millions ; le trafic du poisson salé a quadruplé ; la production du coton a triplé, il en est de même pour l'exportation de l'argent ; l'augmentation sur le riz, objet principal du commerce de la colonie, est de 14 millions. Si l'on réfléchit que l'amélioration, l'accroissement du chiffre de l'année 1870 sur celui de 1867, s'est produite en trois ans seulement, à l'aide des moyens les plus limités, on pourra préjuger de l'avenir de la colonie mise à même de tirer de son admirable sol tout ce que celui-ci peut donner.

MARINE.

Le commerce maritime est intimement lié au développement des importations et des exportations, puisque c'est par son entremise que celles-ci s'opèrent. Véhicule de ces transactions, il n'a de raison d'être que par elles. Il a dû suivre, et, en effet, a suivi la même progression que celles-ci. La progression constante des entrées et sorties des navires à Saïgon depuis notre établissement permet de juger de l'importance acquise par la navigation.

En 1861, il est entré   »   navires à Saïgon.

1865   —   295   —

1867   —   459 dont 98 français.

1870   —   551 — 152 —

Avec l'extension de ce mouvement, les opérations sur les armements et affrétements sont destinées à ajouter au commerce colonial et national une branche de plus en plus productive.

Ainsi, un négociant qui aurait, par exemple, une partie de 100 tonnes de marchandises seulement à expédier en Cochinchine, pourrait, affrétant un navire de 400 tonneaux, ajouter aux bénéfices de sa principale opération, ceux que lui procureraient des opérations auxiliaires de transports entre des stations choisies : Saïgon-Hong-Kong ou Saïgon-Bourbon.

Prenant le fret au taux moyen de 42 francs par tonne, de Bordeaux à Saïgon, soit pour 400 tonnes 16,800 francs, il charge à la cueillette les 300 tonnes qui lui restent disponibles au prix moyen de 10 $ ou 55 francs pour Saïgon, soit pour 300 tonnes 16,650 francs. Il gagne ainsi, d'abord, le prix (5,500—150 ou 5,350 francs) que lui-même aurait payé pour le transport de ses 100 tonnes. Mais s'il a affrété avec faculté de continuer le voyage jusqu'à Hong-Kong, ou même, suivant ses convenances ou avantages, avec engagement de faire deux ou trois fois ce voyage, son opération s'étend et ses bénéfices font de même. Il est, en effet, des transports qui jamais ne chôment entre Saïgon et Hong-Kong, ce sont ceux du riz.

Le prix ordinairement fixé pour ce voyage est de 20 francs par 1,000 kilog. de riz, soit 8,000 francs pour 400 tonnes. Le prix moyen du fret entre Saïgon et Hong-Kong étant de 1,50 à 1,75 par picul (en moyenne 1,60) et le navire de 400 tonneaux pouvant loger 6,666 piculs, il en résulte un fret de 10,665 francs laissant au transporteur un bénéfice de 2,665 francs qui vient s'ajouter, autant de fois qu'a lieu le voyage, aux 5,350 francs du transport de Bordeaux à Saïgon. Une opération sur Bourbon apporterait de même un nouvel élément de bénéfice analogue.

Toutefois, il est une difficulté, c'est celle d'obtenir à prix convenable du fret de sortie de France. Aussi les mieux placés pour de semblables opérations sont-ils les fournisseurs de l'État. Mais il est certain que le développement de la colonie, en augmentant les relations, améliorera cette situation et diminuera cette difficulté (1).

TRAVAUX, FOURNITURES.

Avec la prospérité commerciale de la colonie doit marcher de pair, comme cela s'est produit chez nos voisins espagnols, hollandais et anglais, l'accroissement du bien-être et de tout ce qui contribue aux commodités et aux agréments de l'existence.

Aussi, malgré tout ce qui a été fait jusqu'à ce jour, reste-t-il beaucoup à exécuter. Encore un peu de temps et l'on pourra commencer à penser au superflu pour Saïgon, mais les centres principaux n'ont encore, et bien juste, que le plus strict nécessaire.

Cet état de choses crée en perspective à l'administration

(1) Ce travail ayant été fait avant la loi sur la surtaxe des pavillons, nos calculs ne représentent plus la situation du moment.

coloniale une longue suite de travaux que le manque de fonds suffisants retarde seul. Travaux de terrassements, routes complémentaires, tracés nouveaux, plantations, draguages, quais, ponts, constructions diverses, etc., il y a de tout à faire, sur tous les points, et tout cela n'attend que le moment et les moyens pour être commencé et poursuivi.

Les fournitures diverses à faire à l'administration; farines, café, charbon, vins, articles de marine, médicaments, bois de construction, chaux, ciments, etc., sont une source de commerce qui ne laisse pas d'avoir une réelle importance, et offre, par-dessus tout, l'avantage d'une sécurité parfaite, en même temps que ce précieux apport du fret de sortie d'Europe.

L'énumération sommaire à laquelle nous venons de nous livrer montre, croyons-nous, d'une façon suffisante pour le but que nous nous proposons, toutes les ressources agricoles, industrielles et commerciales qu'offre la Cochinchine, et donne une idée du champ qu'y trouverait l'activité européenne. Il n'y a pas de déceptions à craindre de la part du pays. Le sol, réservoir inépuisable de la richesse, y est d'une fertilité capable de récompenser tous les efforts. Mais il y a plus, les terres de notre possession ne sont pas les limites de notre action possible. Les pays voisins du Cambodge et de l'An-nam ouvrent leur territoire à notre trafic et présentent un espace plus vaste encore à nos tentatives.

CAMBODGE

Le Cambodge est un état indépendant situé à l'est
de notre possession. Son gouvernement, monarchique et
héréditaire, est de forme despotique comme dans toute
l'Asie. Le pouvoir absolu se trouve entre les mains du roi,
dont l'autorité est, au plus haut degré, respectée de tous.

Le souverain actuel, Norodom Ier, a 35 ou 37 ans. Il y a
un vice-roi, mais ses fonctions sont très-limitées; il n'a, pour
ainsi dire, rang qu'à la cour. Tous les dignitaires sont nom-
més par le roi.

La religion est le bouddhisme, mais, de même qu'en
Chine, une grande indifférence règne en cette matière.

Le Cambodge s'est placé, par un traité en date du 11
août 1863, sous le protectorat de la France. Nous avons
dans la capitale du royaume un représentant, actuellement
le très-intelligent et très-sympathique M. Moura, avec une
compagnie de marins ou d'infanterie de marine et une ca-
nonnière.

Plein de bienveillance pour les Européens en général,

Norodom est particulièrement rempli d'égards pour les Français. Il les reçoit à toute heure du jour, levant pour eux l'ennuyeuse étiquette des cours orientales. Un de ses plus grands désirs serait de voir s'implanter dans ses États, pour en développer les ressources, l'élément européen. Il est prêt et disposé à seconder tous les essais, à venir en aide à toutes les entreprises qui seront faites dans ce but.

Il y a peu de temps encore, la capitale du Cambodge était à Udong ou Oudong. Aujourd'hui elle est transportée à P'nom-penh ou Namvang, dans une position admirable, beaucoup plus accessible, sur le fleuve du Cambodge ou Mei-Kong, à l'endroit appelé les Quatre-Bras.

Comme dans toutes les populations de race indoue, le naturel des Cambodgiens est apathique ; mais ils sont doux et de relations faciles. Ce n'est pas sur eux non plus qu'il faut compter pour donner essor ou pour aider notablement aux développements que comporte leur riche pays. Là aussi il faudra recourir aux coolies chinois.

Les produits du Cambodge sont analogues à ceux de la Cochinchine ; il faut cependant y joindre, pour l'industrie, des mines de cuivre, de fer, de plomb et d'or ; et, pour le commerce, l'ivoire, les cornes, le poivre, le coton, les bois de teinture, les os d'éléphant, les peaux, la cire, la résine, le cardamome, la gomme-gutte, la laque, etc.

Les importations auxquelles ce pays donnerait lieu sont les mêmes que dans notre colonie, sauf ce qui, dans celle-ci, a rapport aux fournitures administratives, mais en y ajoutant les armes, poudres, toiles, articles de Paris, etc.

Ce qui serait, par-dessus tout et immédiatement, au plus
haut point avantageux dans le Cambodge, c'est l'exploitation des monopoles que l'on pourrait obtenir du roi contre certaines redevances : fermes de l'opium, du poivre, des
jeux, des ivoires, du grand lac qui produit une telle quantité de poissons qu'on en exporte en Chine, à Siam, et dans
l'An-nam, ferme des dîmes royales, etc.

Les dîmes sont les redevances dont se compose le budget
du roi. Chaque habitant paye annuellement, soit en nature,
soit en espèces, à son souverain, le dixième des produits
de ses terres, de son industrie ou de son commerce. De
sorte qu'à de certaines époques, le roi se trouve posséder
un stock considérable de produits de toute sorte, d'un
écoulement pour lui lent et variable, qu'il aurait tout avantage à voir se transformer en espèces, ou mieux encore à
échanger contre les articles européens dont il a besoin. Est-
il nécessaire d'expliquer pourquoi et comment il y aurait là
une source d'affaires les plus variées et les plus avantageuses.

Enfin, pénétré du désir de doter son pays de la civilisa-
tion européenne dont lui-même a une si haute idée, Norodom a commencé la transformation de sa capitale. Palais,
temples, quais, plantations, etc., il a tout entrepris. Un
énorme marché se trouve donc encore ouvert de ce côté,
n'ayant de limites que les moyens des fournisseurs, et la
volonté ainsi que les ressources royales.

AN-NAM[1]

L'empire d'An-nam, beaucoup plus vaste que le royaume
de Cambodge, et renfermant, dit-on, 20 millions d'habitants,
est loin de se présenter pour nous avec les mêmes dispositions.

Confinant à la mer, au Cambodge, à la Chine, à la Cochinchine, et aux tribus sauvages des Laos, des Stieng et autres,
son territoire est gardé jalousement, et l'accès ainsi que la
circulation n'en sont permis aux Français, les seuls Européens qu'autorise un traité, malgré celui-ci, qu'avec la plus
grande difficulté.

Autant son voisin Norodom est favorable, autant Tu-Duc,
le souverain actuel, héritier des sentiments hostiles que
professait à l'égard des Européens son aïeul Minh-Mang,

1 Un traité entre la France et l'empire d'An-nam doit être signé prochaine-
ment, par lequel ce dernier pays se mettrait sous la protection de la France.
C'est un résultat dont nous devons être fiers, et qui consolidera au dernier
point notre influence politique, ce dont nous avons besoin, en présence
surtout des agissements des Allemands dans ces parages.

semble opposé à l'élément civilisateur. Tout le commerce annamite se trouve, nous l'avons dit, entre les mains des Chi-- nois, et Bouddha sait si ce monopole leur est profitable ! Quelques opérations ont été tentées par certains négociants de Saïgon, mais les difficultés de|toute nature qu'oppose l'autorité annamite n'ont pas permis de les poursuivre régulièrement.

Toutefois, il ne faudrait pas s'exagérer les difficultés, elles ne sont pas insurmontables. Ayant, seuls de toutes les nations européennes, un traité avec l'An-nam qui nous permet de trafiquer sur trois points de la côte, nous nous trouvons dans une position exceptionnellement favorable. Il ne s'agit que de vouloir en profiter sur cette base, la solution de l'établissement d'un commerce sérieux avec l'An-nam n'est plus *qu'une question de communications fréquentes* avec la côte, et de persévérance pour pénétrer dans l'intérieur, notamment dans Hué, capitale de l'empire.

La première question peut être résolue sans délai au moyen d'un bateau à vapeur d'une force suffisante, et pouvant tenir la mer, la seconde ne pourra l'être qu'avec du temps, de l'énergie et de l'habileté. Mais il n'est pas douteux qu'elle n'arrive à l'être si on sait le. vouloir ; car il est impossible que seul, en ces contrées, l'An-nam reste longtemps fermé et soit plus résistant que la Chine et le Japon, bien plus puissants, ne l'ont été.

Pour atteindre ce but, il est, d'ailleurs, un moyen pacifique, que notre situation même nous montre.

Tourane, l'un des trois points de trafic que notre traité

nous concède, a l'immense avantage de se trouver non loin de l'embouchure de la rivière qui mène à Hué, capitale de l'empire, et de posséder une rade où les navires peuvent relâcher et trouver un abri passager. Un comptoir établi à Tourane, avec dépôt d'articles d'importation, tels que toiles diverses, riz cargo, armes et munitions, sel, verroteries, etc., en même temps qu'il constituerait une base d'opérations, trouverait à acheminer peu à peu l'écoulement de ses marchandises soit contre espèces, soit contre produits en nature. Il n'y a pas à craindre que les dispositions peu bienveillantes des habitants, et surtout leur peur de l'autorité, soient longtemps plus fortes que la voix de leurs intérêts ou de leurs penchants. Au pis aller, serait-on obligé au début de s'adjoindre momentanément des intermédiaires chinois.

Une fois ce comptoir bien établi sur la côte, la solution serait notablement avancée, et la situation se trouverait singulièrement améliorée. Si hostiles que soient les dispositions de la cour de Hué, il est possible de se la rendre favorable; le cœur des fonctionnaires orientaux a de nombreuses ouvertures. Cette cause gagnée, la position est acquise et devient une source de bénéfices considérables lorsqu'on connaît la façon de procéder du gouvernement annamite.

Quand celui-ci a d'importants achats à faire, un mandarin est envoyé en mission à cet effet. Il se rend à Saïgon, à Singapore, à Hong-Kong, et achète sur ces places les articles dont il a besoin, étoffes, équipements, munitions, etc. Le commerce, habitué à ces visites, vend en conséquence.

N'y a-t-il pas lieu de penser que ces fournitures incombe-
raient au comptoir de Tourane qui, ayant les plus grandes
facilités pour les livrer rapidement et à meilleur compte,
pourrait ainsi devenir le fournisseur de l'empire?

Or, en se référant à ce qui a été fait précédemment en
Chine, au Japon, au Cambodge et en Égypte, on peut entre-
voir les fournitures de : vapeurs, machines, télégraphes,
effets d'équipement, armes, munitions, tissus, quincaillerie,
articles de marine, ponts, articles de Paris, établissements
d'arsenaux, etc., etc.

Nous pouvons, dans un exemple, donner un aperçu des
autres affaires que procurerait l'An-nam, et des avantages
qu'on pourrait retirer de la création d'un comptoir à Tourane.

Pendant six mois de l'année, alors que la mousson ne
permet pas aux barques indigènes de fréquenter les côtes,
le riz, qui est la denrée indispensable aux populations an-
namites comme le froment aux Européens, atteint fréquemment le prix de 20 à 22 fr. le picul de 60 kilog. Le
prix moyen de la même quantité de riz étant à Saïgon de
8 fr. 50, que l'on juge de la marge de bénéfices que donnerait, pendant cette période, l'importation du riz dans
l'An-nam !

Avec un vapeur la mousson est domptée, et trois jours
suffisent pour faire le trajet de Saïgon à Tourane. Qu'il
porte 300 tonnes de riz deux fois seulement par mois,
aller et retour, soit 600 tonnes par mois et 3,600 tonnes
pour six mois, c'est un bénéfice minimum de 400 à 420,000

francs, selon le prix de vente, que ce vapeur produira à son propriétaire et uniquement sur l'opération des riz. Les frais d'exploitation sont minimes comparés aux résultats.

Ces renseignements sont précis et certains, donnés avec la connaissance des lieux, et l'expérience des faits.

S'il est d'une pratique plus difficile que le Cambodge, l'An-nam ne manque pas, on le voit, de quoi récompenser les efforts qui seraient tentés pour y implanter sérieusement, définitivement, et y développer notre commerce. Il serait profondément regrettable que nous fussions devancés par d'autres dans cette tâche et ces profits, lorsque ce sont des bras français, dans des expéditions françaises, qui ont ouvert ce pays, jusqu'alors inaccessiblement muré derrière ses montagnes par la haine ou la méfiance de ses gouvernants.

CONCLUSION

De tout ce qui précède un fait ressort dominant tous les autres, c'est que l'œuvre coloniale en Cochinchine n'est qu'ébauchée. La colonie n'est qu'en puissance, elle est à peine en acte.

Que faudrait-il pour la développer, pour lui faire produire tout ce qu'elle recèle, et livrer au commerce les richesses dont sa fécondité renferme les sources ?

Il lui faudrait ce qui a fait de Manille, de Java, des Indes, des colonies splendides, véritables trésors pour les peuples qui les possèdent, ce qui a fait de Shang-Haï, de Yokohama, des places de premier ordre, et de Hong-Kong surtout, rocher aride où il ne pousse même pas des ronces, l'entrepôt des transactions de l'extrême Orient, d'où un capital d'un milliard se répand dans les pays environnants pour les vivifier.

Il lui faudrait ce qui seul aujourd'hui a le pouvoir de mettre en jeu les forces humaines, comme la vapeur, les forces mécaniques, nous voulons [dire des capitaux; et, si c'est possible, pour l'honneur et le profit de notre pays, des capitaux français. Il n'y en a pas.

Or, peut-on compter sur les capitaux particuliers? Nous en doutons. Isolés, ils n'auraient pas la force nécessaire à l'œuvre à entreprendre, et les capitaux en France ont peu de penchant à émigrer, même momentanément. Ils semblent préférer les 4 ou 5 % qu'ils retirent à grand'peine de leur mouvement dans la métropole au rendement triple ou quadruple qu'ils pourraient obtenir aux colonies.

Le moyen le plus efficace pour atteindre le but serait la création d'une Institution financière spéciale à la Cochinchine. Qu'elle soit une création nouvelle, ou, ce qui vaudrait peut-être mieux, une émanation d'une grande institution métropolitaine, c'est dans un tel établissement, selon nous, que gît l'avenir de notre colonie.

Ce jugement n'est pas seulement le nôtre, ni borné à la Cochinchine. Il fut celui des législateurs de 1849, qui, par la loi édictée à la suite de l'émancipation des esclaves dans nos colonies, décidèrent que sur l'indemnité accordée aux anciens maîtres le huitième serait consacré à la formation d'établissements de crédit coloniaux. On pensait évidemment trouver dans cette institution un puissant agent de prospérité et de développement; les efforts qui furent faits pour les établir et les constituer le prouvent surabondamment.

Saïgon possède une agence du Comptoir d'Escompte de Paris, mais ses opérations sont si limitées que la colonie en sent à peine l'action, et n'en reçoit pas la moindre impulsion. Cette agence se borne à l'escompte du papier de commerce à deux signatures, et des traites documentaires au taux de 18 à 24 % l'an. Sous peine de ne rien faire, il n'est pas possible de faire moins. Elle ne prête ni sur récoltes, ni sur marchandises, ni sur hypothèques, etc., c'est-à-dire ne se livre à aucune des opérations qui constituent précisément le rôle principal et spécial des banques coloniales qui sont éminemment, ou plutôt doivent être, des maisons de prêts sur gage. Les statuts du Comptoir la lient rigoureusement.

Deux modes de procéder s'offriraient dans la Cochinchine même, et ses annexes commerciales, le Cambodge et l'Annam que nous n'en séparons pas, à l'action d'une société financière.

Le premier analogue à celui suivant lequel ont opéré aux Indes l'ancienne compagnie des Indes anglaises, et l'*Astoria* dans l'Amérique du Nord. C'est l'action la plus vaste et la plus grandiose. Elle constitue comme une sorte d'affermage du pays tout entier. La société, tout à la fois agricole, industrielle, commerciale et financière, fait tout par elle-même ; elle produit, transporte, écoule, et l'intensité comme l'étendue de son activité n'a de bornes, dans le champ qui lui est tracé, que celles de ses propres ressources et de son habileté.

Le temps est-il passé de ces vastes entreprises ? La Cochinchine et les pays qui l'environnent offrent-ils matière à une création semblable ? L'administration coloniale lais-

serait-elle s'établir et fonctionner avec une suffisante liberté une telle institution? Ce sont là autant de questions.
Nous serions tenté de répondre négativement à la première et affirmativement aux deux autres. Mais nous préfé-
rons ne pas les élucider, ce serait peu utile.

Nous pensons que le second mode de procéder serait
suffisant, et que la simple création d'une institution financière coloniale, de banque et de crédit, sur des bases suffi-
samment puissantes, et avec de larges statuts, pourrait
atteindre tous les buts.

La première et la plus légitime préoccupation du capital
c'est la sécurité de ses mouvements. Cette sécurité existe-
t-elle en Cochinchine?

Elle y existe pleinement. Les transactions qui s'opèrent
dans la colonie sont soumises aux lois françaises, et entou-
rées des mêmes garanties. Celles qui se passent hors des limites de notre possession, dans le Cambodge, trouvent
également une sauvegarde.

Les résidents français ont non-seulement pour mission
de protéger la vie de leurs nationaux et des Européens qui
demandent l'appui de notre pavillon, mais il leur in-
combe encore d'en sauvegarder les intérêts, en présidant
aux contrats et en veillant à la régularité ainsi qu'à l'exé-
cution loyale de ceux-ci. C'est là une des raisons d'être de
la force dont ils disposent. Les transactions avec les indigènes, les fonctionnaires ou l'autorité royale ne sont donc
pas laissées sans sécurité à la merci du caprice, de la cupi-
dité ou de la mauvaise foi. La Cochinchine et le Cam-

bodge voient, proportionnellement, moins de contestations commerciales que nous n'en voyons en France.

La seconde préoccupation du capital est le gain, et il demande d'autant plus qu'il est ou croit être plus exposé.

Tout ce que nous avons dit jusqu'ici répond à cette préoccupation, et c'est pour y répondre que nous l'avons dit. Si ce sont les fonds qui manquent le plus dans notre colonie, comme dans la fable,

« C'est le fonds qui manque le moins. »

La Cochinchine et ses annexes sont, nous le répétons, des terres vierges, des pays neufs, où, sur un sol admirable, l'agriculture et l'industrie peuvent se livrer aux plus fécondes entreprises ; des pays peuplés possédant des richesses accumulées, où le commerce immédiatement peut découvrir, pour les opérations les plus variées, une mine d'autant plus abondante qu'elle a été jusqu'à ce jour moins exploitée.

Ce n'est pas tout ; le capital possède et pourrait obtenir en Cochinchine d'exceptionnels avantages.

Une institution financière trouverait sans aucun doute, auprès de l'administration de la colonie, la faculté d'émettre du papier qui, comme celui des grandes maisons de l'extrême Orient, aurait cours sur toutes les places. C'est là une facilité des plus grandes et un avantage technique des plus précieux pour l'aisance et l'étendue des opérations. Peut-être même pourrait-elle trouver mieux encore, un monopole financier.

De plus, ainsi que dans tous les pays asiatiques, l'usure

n'existe pas en Cochinchine. L'argent est considéré comme une marchandise et aucune loi ne limite le taux de son intérêt. A Saïgon, un taux légal, ou à peu près, s'est cependant, et par la coutume, établi peu à peu, mais son application est restreinte. Quand aucune stipulation n'a fixé un autre taux, les tribunaux accordent 12 p. % l'an. Cette absence de toute réglementation du loyer de l'argent peut être et doit être pour une banque la source de grands profits.

On voit donc que, de toutes parts, soit en participations industrielles ou agricoles, soit en opérations commerciales ou purement financières, les capitaux ont en Cochinchine de quoi largement exercer leur activité, et trouver une rémunération inconnue en France. N'y aurait-il pas vraiment, dans leur emploi dans cette colonie, un placement mille fois plus avantageux, plus moral et plus patriotique que dans ces entreprises étrangères où tant de millions français vont à jamais s'engouffrer ?

Une institution financière, comme celle à laquelle nous faisons allusion, devrait, pour être suffisante, s'établir avec un capital minimum de 5 millions, pouvant être porté à 10, 15 ou 20 millions, suivant les circonstances. Il serait de toute nécessité que les statuts fussent conçus dans le sens, l'esprit le plus large et le plus pratique possible.

Ses opérations principales devraient consister en :

1° Émission privilégiée en Cochinchine de billets au porteur avec cours facultatif ;

2º Escompte de papier de commerce à quatre-vingt-dix jours et à deux signatures, au taux de   l'an ;

3º Escompte de toutes traites documentaires de un à six mois ;

4º Émission de traites sur l'Europe, la Chine, etc. ;

5º Avances contre dépôt de marchandises, et sur produits en culture ;

6º Avances aux entrepreneurs, contre délégation sur le payement de leurs travaux en cours ;

7º Prêts à courte échéance sur hypothèques ;

8º Prêts au gouvernement colonial, aux communes ;

9º Ouvertures de crédit suivant tous les modes usités.

Répondant à un besoin réel, profond, pressant, une telle création serait accueillie par toute la colonie avec la plus grande faveur.

Tous, agriculteurs, industriels, commerçants, l'administration elle-même, y trouveraient leur avantage, en créant à la société la source de ses opérations et de ses profits.

Dès ce moment, la Cochinchine prendrait pour la France et le monde commercial le rang que son importance géographique et politique, que son incomparable fertilité lui assignent. Et, dans l'accroissement de la richesse générale, les fortunes et les activités particulières qui auraient travaillé à cette prospérité, trouveraient ce rare avantage d'avoir fait, en même temps qu'une magnifique affaire, une œuvre éminemment utile et patriotique.

J.-P. Salenave.

TABLE.

Imprimerie Eugène Heutte et Cⁱᵉ, à Saint-Germain.